AF263912

LA
SŒUR BÉATRICE

> La grâce est trompeuse et la beauté
> vaine ; la femme qui craint le Seigneur
> est seule digne de louanges.
>
> (*Prov. XXXI, 30.*)

LA
SŒUR BÉATRICE

La grâce est trompeuse et la beauté
vaine; la femme qui craint le Seigneur
est seule digne de louanges.

(*Prov. XXXI, 30.*)

1866

LA

SŒUR BÉATRICE

Il y a plusieurs mois, quelques feuilles édifièrent leurs lecteurs par le récit de la sainte mort d'une religieuse de la Miséricorde. Elle venait d'être martyre de son dévouement auprès des victimes que faisait le choléra à Bretteville-sur-Laize. Elle s'appelait Béatrice et non Béatrix. Un bien court article fut inséré par nous au *Journal de Falaise*: les étroites limites de ce journal ne nous permettaient que quelques mots sur une fin si chrétienne et si belle. Nous eûmes dès-lors la pensée que faire une Notice biographique sur cette bonne religieuse serait une chose agréable à Dieu et utile à tous. Des occupations indépendantes de notre volonté nous ont contraint de différer jusqu'à ce jour.

Une mort aussi précieuse a dû, suivant le cours ordinaire de la vie et de la grâce, avoir ses précédents ou sa préparation en sainteté ; car, quoique Dieu, dans sa puissance et sa bonté infinies, puisse élever tout d'un coup à la sainteté la plus sublime, faire d'un vase d'ignominie un vase d'élection, habituellement pourtant les saintes morts ne sont que l'écho fidèle et le prix d'une sainte vie. La biographie que nous traçons à grands traits nous en fournira une nouvelle preuve. Des renseignements puisés à sources certaines nous diront ce que fut la sœur Béatrice, dans le monde et dans la communauté.

I.

Non loin des célèbres Roches-d'Oître, au pied desquelles la Rouvre roule bruyamment dans un lit rocailleux ses eaux rapides, avant de les mêler à celles de l'Orne, se voit sur la paroisse de Bréel (Orne), un tout petit hameau de même nom, composé d'une douzaine de maisons environ. Là, vivent encore, et déjà avancés en âge, deux personnages que leurs vertus solidement chrétiennes recommandent au respect et à l'estime de quiconque les connaît. Ce sont les époux Jacques-Alexandre et Marie-Anne Débaize. De leur union, bénie par la sainte Eglise catholique le 13 août 1814, sont sortis neuf enfants : huit filles et un garçon. De ces huit filles, Dieu, le souverain arbitre des existences, s'en est choisi quatre pour les consacrer plus spécialement à son service et à celui de l'humanité souffrante.

La septième vint au monde le 7 novembre 1829, reçut le saint Baptême le lendemain, 8, et fut nommée Victorine. Son rang de septième fit pronostiquer au père et à la mère par quelques habitants de

la paroisse que cette enfant serait une enfant de bé-
nédiction ; que Dieu aurait sur elle des desseins de
miséricorde et lui accorderait de grandes faveurs.
On attacha alors peu d'importance et d'attention à
cette espèce de prophétie qui tomba bientôt dans
l'oubli.

Les premiers ans de Victorine décelèrent une nature vive, bouillante, ambitieuse, portée à la domi-
nation, difficile à rompre et inspirant des inquiétudes
pour l'avenir. Cependant elle montrait un bon cœur.
Elle se privait volontiers de ce qui lui était agréable
pour le donner aux autres. Les dispositions alar-
mantes durèrent jusqu'au moment où l'on put lui
faire comprendre qu'elle y offensait le bon Dieu,
c'est-à-dire jusqu'à l'âge de 7 ou 8 ans. A cette
époque, un rayon de la grâce d'en haut, aidée des
sages remontrances des pieux parents, éclaira cette
jeune âme. Elle déclara qu'elle voulait bien aimer le
bon Dieu, aller à la messe et n'être plus méchante.
Elle se mit en effet sérieusement à l'œuvre, fit des
efforts inouis pour se vaincre, et devint, de jour en
jour, bonne, pieuse, obéissante. Elle manifestait une
vive crainte d'offenser Dieu. Elle apprit parfaitement
son catéchisme. Constamment attentive aux explica-
tions qui en étaient données : elle était toujours prête à
répondre, quand les autres ne savaient pas. Elle gran-
dit en âge, en science et en sagesse, devant Dieu et
devant les hommes dont elle était aimée. C'est ainsi
qu'elle se prépara à recevoir, pour la première fois,
le Dieu de l'Eucharistie. Elle eut le bonheur de faire
sa première communion le 24 juillet 1842. Quelles
dûrent être belles, en un si beau jour, les dispositions de cet ange de la terre !

Peu après, arriva pour Victorine, comme pour

toutes les jeunes natures, le moment critique. Elle entrait dans la zône périlleuse. Elle avait tout ce qui peut plaire et créer fortune dans le monde : un cœur aimant, une imagination vive, une intelligence assez avancée, un air enjoué et même décidé, certaines grâces dans les manières, la beauté du visage et quelque peu d'élégance dans sa mise et sa parure. Il ne lui manquait, à vrai dire, rien de ce que le monde recherche, aime, prise, encense et adore. Aussi, la conviait-il à ses prétendues douceurs. Un instant Victorine parut sensible à ses trompeuses amorces, et incliner ses goûts du côté de ces fausses amabilités. Néanmoins, elle ne perdit rien de sa fidélité aux devoirs religieux. La Providence veillait sur elle et ne permit pas qu'elle suivît bien des jours un sentier où l'on ne tarde pas à s'égarer et à briser quelquefois ses destinées par des chutes mortelles et déplorables.

Vers la fin de l'année 1845, et une grande partie de 1846, la paroisse de Bréel fut sans pasteur. On devine sans peine ce que peut devenir un troupeau qui ne voit plus, qui n'entend plus celui qui doit l'instruire et le conduire. Il va à l'aventure. Le génie du mal y introduit bientôt le désordre et y amoncelle des ruines. Ce fut sans doute pendant cette vacance que le goût de la toilettte se glissa un peu dans l'esprit de Victorine. Mais, le 16 septembre 1846, Dieu envoya à Bréel un prêtre selon son cœur. Ce prêtre apportait avec lui les vives lumières de la science divine, le feu sacré d'un zèle ardent, une constitution robuste, une santé florissante, une mâle énergie, un courage à toute épreuve, un vrai cœur d'apôtre et de père, une parole facile et persuasive. Son œil clairvoyant aperçut de suite les broussailles qui commençaient à envahir ce coin de champ du Sauveur Jésus. Vite, ouvrier laborieux, il se mit au travail , emboucha la trompette évangélique, appela ses ouailles à la maison de Dieu. Sans perdre de temps, et il n'y en avait pas à perdre, il introduisit le pieux usage de la prière et de la méditation en commun, tous les matins avant la sainte messe ; de la lecture spirituelle et du chapelet, tous les soirs avant la prière ; du catéchisme de persévérance, tous les dimanches, pendant une heure, après les Vêpres. Il remua sans relâche cette terre un instant négligée, l'arrosa de ses sueurs et y jeta abondamment la divine semence. L'ennemi du bien ne demeura pas insensible ni muet en face d'un si terrible adversaire. Comme partout et toujours, il cria contre la nouveauté, se moqua, railla, persécuta. Mais l'intrépide pasteur, plein de confiance en Celui qui l'avait envoyé, ne se laissa point intimider. Bon gré mal gré, il continua son œuvre apostolique. Dieu bénit son labeur. Grand nombre des enfants que le Seigneur lui avait confiés entendirent au fond du cœur la parole de vie dont il était le fidèle organe.

Les demoiselles Alexandre, grâce au bon sens et à l'esprit naturel dont elles étaient douées, ne furent pas des dernières à apprécier le don de Dieu et à en profiter. Bien que leur demeure fût à plus de deux kilomètres de l'église paroissiale, une ou deux d'entr'elles se rendaient chaque jour à la sainte réunion, pour s'y instruire, et rapporter à la pieuse famille les réflexions proposées et les avis donnés à la méditation. Souvent Victorine achetait de ses sœurs le précieux avantage d'être une des députées. Le dimanche, toutes assistaient au catéchisme de persévérance, recueillaient avec une religieuse attention les enseignements qui tombaient de la bouche du bon pasteur, et se montraient heureuses d'y être interrogées. Victorine s'y distingua par une assiduité soutenue, une avidité insatiable et une ardeur qui ne baissa jamais. Aussi, mérita-t-elle l'honneur d'y être nommée d'abord zélatrice et bientôt après assistante.

En assez peu de temps, Bréel fut transformé et offrit un spectacle tout nouveau. La piété y fut en honneur et y jeta de profondes racines. Les saints cantiques remplacèrent les chants de la licence. L'élan donné au pied des autels se communiqua dans beaucoup de maisons qui se convertirent en véritables oratoires. Là, passèrent les saints exercices de l'église qui amenèrent avec eux l'étude si importante des vocations, et l'on peut dire qu'à cette époque Bréel devint une pépinière de vocations religieuses. Le petit village d'Oître fournit à lui seul, en moins de cinq années, six religieuses et un religieux.

Au contact de la divine lumière, Victorine comprit aussi qu'il y avait quelque chose de plus digne d'elle que la toilette et les agréments du monde. Vers l'âge de 16 ans, au temps de sa troisième communion, on vit s'opérer en elle un changement notable. Elle s'imposa comme un devoir d'assister tous les jours au saint sacrifice de la messe et d'aller plus fréquemment au tribunal sacré de la Pénitence. La divine semence était tombée dans un bon terrain et commençait à donner ses heureux fruits.

Vint bientôt l'époque de la Confirmation. Elle la reçut des mains de Mgr Rousselet, évêque de Séez, à Rouvrou, le 12 mai 1848.

Il est impossible de décrire quel redoublement de ferveur se dessina en elle. Ce fut pendant la retraite préparatoire à ce divin sacrement que Dieu lui

parla encore plus éloquemment au cœur. Elle vit
et comprit plus que jamais la vanité et le néant des
choses d'ici-bas. C'est alors qu'elle forma le projet
de se consacrer totalement au Seigneur, dans l'état
religieux. L'Esprit-Saint, auquel elle avait préparé la
voie par le recueillement et d'ardentes prières, l'af-
fermit dans ses bonnes dispositions et la rendit parfaitement chrétienne. Sous la puissante inspiration
de cet esprit de vérité, et pour s'assurer l'inesti-
mable avantage de la persévérance, elle se prescrivit
un réglement de vie qu'elle observa avec une scru-
puleuse exactitude. Tous les jours, elle se levait à
quatre heures, faisait sa prière et sa méditation en
commun avec ses sœurs, allait à la sainte messe,
lisait à midi la vie des saints, récitait le chapelet
pendant le travail, ou le soir, avant la prière qui se
pratiquait également en famille réunie. Elle se confes-
sait presque tous les huit jours, communiait trois fois
la semaine. Elle se rendait à la prière publique tous
les soirs pendant le carême, et jeûnait presque tous
les jours de cette sainte quarantaine, quoique n'ayant
pas l'âge requis par la loi du jeûne. Elle ne fut plus
soucieuse que de la beauté intérieure de son âme.
Cette beauté lui parut si supérieure à celle du corps,
qu'elle dédaigna celle-ci comme la beauté d'une
fleur qui ne dure qu'un jour. Elle renonça donc et
pour toujours à sa mise élégante, apporta plus de
simplicité et de modestie dans la manière de se
vêtir. Elle était toute transformée.

Cette transfiguration lui valut des assauts qui auraient pu ébranler une détermination moins ferme
que la sienne. Elle entendit murmurer de tous côtés
qu'on ne la reconnaissait plus, elle, naguère la plus
jolie fille de la paroisse ; que la nouvelle manière de

s'habiller n'était pas convenable à une jeune personne comme elle ; que tout le monde en parlait ; que ses sœurs n'agissaient pas de la même façon, et que cependant elles servaient bien le bon Dieu ; que, quand bien même elle eût continué de porter sa toilette d'autrefois, elle eût pu également aimer et servir Dieu. Tous ces propos, toutes ces récriminations, toutes les représentations et toutes les railleries la trouvèrent sourde et inébranlable. Elle ne parut pas plus s'en occuper que si elle eût été seule sur la terre. Elle avait rejeté l'esprit du monde pour donner demeure à l'esprit de Dieu, et ne fut plus mue, dirigée que par ce grand maître de la sainteté. Aussi, est-il difficile de se faire une idée de la bonne volonté, de la ferveur, de la douceur, de l'obéissance, de la candeur, de la franchise et de l'ingénuité qui brillèrent dans toute sa conduite. Le bon plaisir de Dieu en toutes choses, la sanctification de chacune de ses actions, tel était son unique but. Toutes ses tendances étaient vers Dieu. Elle ne semblait goûter de bonheur qu'en lui. Lorsque, le dimanche, elle était prête à partir à l'église, souvent elle s'en allait seule, récitant en chemin son chapelet ou d'autres prières ; et, quand elle priait à l'église ou ailleurs, elle paraissait si pénétrée de ce qu'elle disait, si intimement unie à Dieu, qu'on aurait pu croire qu'elle n'avait jamais de distractions. Parfois, elle semblait si embrâsée d'amour pour Dieu, qu'il eût été possible de la comparer à Madeleine cherchant au sépulcre son divin Sauveur.

Cependant, il ne faut pas s'imaginer que, si elle avait rompu avec les habitudes du siècle, si elle s'était dévouée à la piété, elle fût pour cette raison devenue triste, taciturne, sauvage, toujours plongée dans de rêveuses méditations. Non, elle était

gaie, gracieuse, bienveillante, aimable, avec tous et
pour tous. Chaque chose en elle avait son temps et
son cachet. Elle savait se rendre utile. Chez ses
parents, elle travaillait comme un homme au faisant
valoir et au commerce. Dans ses moments de délas-
sement et de loisir, elle apprenait et expliquait le
catéchisme aux enfants qui se disposaient à leur première communion. Elle leur enseignait à faire l'exa-
men de conscience et la confession, à prier et à
aimer Dieu. Elle visitait, consolait les malades, et
donnait aux pauvres tout ce qu'elle pouvait donner.
Toutes ses journées étaient pleines.

Tant de qualités selon la nature et la grâce lui
avaient conquis des prédilections et avaient souvent
attiré sur elle des regards envieux de posséder un si
riche trésor. Bien des fois, elle fut recherchée et de-
mandée pour le mariage. Plusieurs partis avantageux
se présentèrent et réclamèrent l'appui des bons parents. Ceux-ci auraient bien désiré de la voir entrer
dans cette carrière; mais, chrétiens éclairés, ils res-
pectèrent les droits de Dieu et la laissèrent libre dans
son choix de vie. Pour elle, une voix d'en haut lui
avait dit à l'oreille du cœur qu'il y a pour certaines
âmes un époux plus digne que ceux de la terre, et
d'autres enfants que ceux de la chair. Docile à cette
voix, elle repoussa avec énergie toute proposition
quelque brillante qu'elle fût, et tel était l'empire
et le respect qu'imposait sa vertu, que quelqu'un
disait, il y a peu de temps encore: « J'aurais bien
voulu Victorine pour compagne de mes destinées;
que d'instances j'ai réitérées ! Mais elle était si dévote
qu'il n'y avait pas moyen d'en approcher. »

Déjà nous avons dit que la rosée de la grâce
avait fait germer sur le sol de Bréel un bon nombre

de vocations religieuses. Effectivement, dès le 11 juin 1849, deux des sœurs de Victorine : Rosalie, la cinquième, et Célina, la sixième des demoiselles Alexandre, s'étaient rendues à la Miséricorde, fondée à Séez par le vénérable M. Bazin, de sainte mémoire. Elles y furent suivies de près par Euphrasie, la quatrième. Rosalie devint sœur Alphonse, et mourut à Poitiers, le 29 mai 1852, victime de son dévouement, auprès des malades frappés d'une épidémie nommée la *Suette*. Célina est aujourd'hui à Vire, sous le nom de sœur Debaize, et Euphrasie, au Mans, sous celui de sœur Valérie.

Le soufffe de Dieu poussait Victorine vers le même asile. Elle brûlait du désir d'y réjoindre ses sœurs qui s'éloignaient du monde. Mais ces départs, arrivés en quelque sorte coup sur coup, avaient presque fait le vide autour des époux Alexandre ; un vide bien douloureux : car, quoique soumis à l'adorable et bonne volonté de Dieu, ils sentaient que c'était pour eux un pénible sacrifice. Il ne restait plus auprès d'eux, avec Victorine, qu'une jeune fille encore en bas âge. Le seul garçon, issu du saint mariage, était mort à 16 ans, le 28 novembre 1848. Les autres demoiselles étaient mariées et avaient leurs soins respectifs de ménage. Euphrasie, en quittant le toit paternel, comprit bien l'embarras où allaient se trouver ses parents. Initiée aux secrets de Victorine qui lui avait tout révélé, elle lui fit promettre de rester encore quelques années auprès d'un si bon père et d'une si bonne mère, sur qui allait retomber tout le poids de la culture, du commerce et des affaires. Victorine pleura amèrement. Le sujet de ses pleurs était la crainte que ses parents la voyant ainsi isolée ne l'empêchassent de suivre sa vocation. Mais Euphrasie la rassura en lui affirmant qu'elle demeurerait libre d'embrasser tel genre de vie qu'elle voudrait, qu'on n'y mettrait point obstacle, que son avenir était toujours entre ses mains et celles de Dieu. Sur ce, Victorine se résigna et consentit à rester, quoiqu'il lui en coutât beaucoup.

Comme elle excellait dans l'ordre et le savoir-faire, le père et la mère Alexandre donnèrent à leur fille l'entière direction de la maison. Elle travaillait avec un courage et une ardeur virile, sans pourtant jamais omettre ses exercices de piété, comme auraient pu les omettre beaucoup d'autres. C'était là qu'elle puisait la sève vivifiante de sa force et de son activité. Enfin, au bout de cinq années, qui lui avaient paru longues comme des siècles, arriva le moment de tout quitter pour Celui à qui appartenait son cœur. La voix de la grâce, plus puissante chez elle que la voix de la chair et du sang, la porta à rompre les liens qui la retenaient encore à Bréel. Clémentine, la jeune enfant, avait grandi, et pouvait désormais gérer à sa place. Le 9 octobre 1854, Victorine s'éloigna du village d'Oître et, le 10, entra à la Miséricorde.

Elle partait avec joie: ses vœux allaient s'accomplir. Mais son départ produisit une douloureuse sensation, non-seulement dans la maison Alexandre, mais même dans toute la paroisse. Chacun la pleurait, la regrettait comme une fille, comme une sœur. Il y eut une telle désolation, un tel émoi qu'on fut jusqu'à accuser le pieux pasteur de l'avoir endoctrinée, et d'avoir enlevé à la paroisse ce qu'elle avait de bon et de bien sous tous rapports. Peu s'en fallut même qu'on ne lui suscitât une persécution. Comme si le prêtre pouvait avoir une autre mission que celle d'être le docile instrument de Dieu dans la sanctification des âmes! Comme s'il pouvait sans crime s'opposer à l'exécution de ses éternels desseins!

II.

Ce ne fut pas sans une profonde émotion que Victorine dit adieu à ceux qu'elle laissait dans le monde. Elle avait au suprême degré les qualités d'une bonne nature. Elle était sensible et aimante. Mais elle savait que quiconque préfère à Dieu son père, sa mère, ses frères, ses sœurs, n'est pas digne de lui, et que quiconque abandonne pour lui ces objets sacrés reçoit au centuple dès la vie présente. Elle ne balança pas à tout sacrifier. Il lui avait été donné de voir la meilleure part, elle la choisit et ne voulut pas se la laisser ravir.

Aussitôt arrivée à Séez, elle fut admise à postuler, et, peu de jours après, reçue au noviciat. Les beaux essais de vertus, les heureux commencements que nous avons admirés en elle, s'acrurent et se perfectionnèrent rapidement. Après quelque mois d'épreuve, ses supérieurs furent vraiment heureux de l'appeler à prendre le saint habit. Ce fut avec une joie ineffable qu'elle se vit dépouillée des livrées du siècle. Son nom de Victorine fut changé en celui de sœur Béatrice. Fiancée au divin Époux des âmes vierges, elle se signala par son respect et son obéissance envers ses supérieurs, sa douceur et son affabilité envers ses compagnes, sa ponctualité et sa vigilance pour les exercices de piété, son dévouement joyeux et entier pour les malades. Dès le début de son apprentissage des œuvres de miséricorde,

Dieu voulut faire passer par le creuset cet or déjà si pur : elle dut payer au typhus un large tribut, en prodiguant ses soins à des malades qui en étaient atteints.

Bientôt approche, arrive le grand, le beau jour du sacrifice complet, irrévocable ; jour, objet des désirs les plus enflammés. Qui pourrait peindre les fleurs de vertus qui devaient, en cette fête à nulle autre pareille, orner cette victime de l'amour divin ? (C'est le 21 septembre 1856, qu'elle prononça ses vœux). Qui pourrait exprimer ce qui se passa dans cette belle âme, faisant un adieu sans retour au monde, à ses faux biens, à ses faux honneurs, à ses faux plaisirs, et consacrant à Dieu tout ce dont elle pouvait disposer ? Impossible de décrire le contentement, la joie, la paix, qui inondèrent alors cette épouse, s'élançant, pour ainsi dire, entre les bras de son époux Jésus. On ne peut le conjecturer que par un trait de jubilation céleste, que l'on vit briller sur son visage, et par cette exclamation longuement répétée : « Oh ! qu'il est beau le jour d'une profession religieuse ! »

Un mot seulement, pour avoir une petite idée de ce que dut éprouver cette vierge, au jour de son immolation au Seigneur. Rien n'est touchant, ravissant comme le nouveau réglement qu'elle se traça en ce moment solennel pour sa nouvelle vie.

« O mon Dieu, dit-elle au commencement, connaissant ma faiblesse, je n'oserais prendre aucune résolution ; mais je sais qu'avec le secours de votre grâce rien ne m'est impossible. C'est donc à vos pieds que je viens déposer celles que je vais prendre. Je vous en supplie, ô mon Jésus, accordez-moi la grâce d'y être fidèle. »

Ce préambule atteste une humilité peu commune, une pleine défiance de ses forces personnelles, mais une confiance sans bornes en Celui par qui tout bien nous est possible. Viennent ensuite les résolutions touchant les exercices de piété, le silence, la sainte messe, la confession, la communion, les vœux de pauvreté, de chasteté et d'obéissance, le soin des malades et l'humilité. Ces résolutions, que nous regrettons de ne pouvoir reproduire ici, bien qu'elles soient formulées en peu de mots, exhalent un parfum tout céleste et démontrent que l'esprit de Dieu s'était comme épanché dans cette belle âme pour y former les beaux sentiments dont elles sont empreintes. Il nous suffira de donner un extrait de celles qui concernent l'humilité. L'humilité étant la base et le cachet de toute vraie et solide piété, il nous sera aisé de soupçonner les richesses cachées dans ce cœur virginal. — « Je me regarderai toujours comme la dernière de toutes mes sœurs, et je le suis en effet par mon peu de vertu, par tant de défauts que j'aperçois en moi, et par tant de péchés que j'ai commis. — Je mérite donc bien d'être la plus méprisée, — Je ne veux pas me laisser aller à ces petites jalousies, à ces petites recherches et préférences de moi-même, moi qui ne mérite que d'être sous les pieds de tout le monde. — Je ne ferai rien pour m'attirer l'estime des créatures. — Je ne veux avoir en vue que la plus grande gloire de Dieu et le salut de mon âme. — Que me servirait, au moment de la mort, d'avoir été la plus aimée de mes supérieurs, si ce n'est à me donner des remords et des troubles de conscience? — Je me rappellerai que je ne suis pas venue en Communauté pour n'avoir rien à souffrir, mais pour faire pénitence. — Tous les matins, je me souviendrai que la vie religieuse est un renoncement de tous les jours et de tous les instants à sa propre volonté. »

Si Dieu attache ses yeux sur les humbles et ne sait rien leur refuser, de quel œil de complaisance ne dût-il pas regarder la sœur Béatrice? de combien de bénédictions ne dut-il pas la combler?

C'est sous le charme divin de sa profession, c'est avec cette riche provision de bonnes résolutions qu'elle arriva à Falaise, le 22 septembre 1856. Elle s'éloigna à regret de ses supérieurs généraux, de sa maîtresse des novices, si bons, si bienveillants pour elle; du berceau de la vie religieuse, où elle avait goûté tant de douceurs; de ses compagnes de noviciat qui l'aimaient et qu'elle aimait aussi. Mais elle venait auprès de la Mère Félix, dont la bonté est si bien connue; à peu de distance du lieu qui l'avait vue naître et de ses chers parents qui pouvaient facilement la revoir. Quoique disposée à tous les sacrifices, elle ne fut pas indifférente à cette faveur. Falaise et ses alentours, voilà le théâtre que ses supérieurs assignèrent à l'exercice de sa charité, et l'on sait si elle a été infidèle à son mandat. Tous savent que pendant les neuf ans et demi qu'elle y a vécu, sa vie a été une immolation continuelle d'elle-même aux devoirs de la vie religieuse et au soulagement de l'humanité souffrante. Mais nous sommes embarrassés pour dire en quelle vertu elle a particulièrement excellé. Toutes s'étaient en effet donné rendez-vous dans ce sanctuaire vivant pour en faire un éclatant chef-d'œuvre de perfection chrétienne. Foi vive, ferme et soumise; humilité profonde; haine, mépris, oubli d'elle-même; amour tendre et ardent pour Dieu; crainte excessive de lui déplaire en quoi que ce fût ; délicatesse de conscience qui s'alarmait des moindres taches ; régularité parfaite ; ouverture, docilité, respect affectueux pour sa Supérieure ; bonté, douceur, prévenance, aménité, charité pour ses sœurs et toute personne ; obéissance prompte, droite, joyeuse et universelle ; patience admirable dans les peines, les contradictions, les humiliations, les privations et les injures ; dévouement prodigieux, qui la rendait toujours prête au plus petit signe de sa Supérieure, à en produire des actes, le jour et la nuit, à toute heure, auprès des riches et des pauvres, des grands et des petits, des sains et des malades, sans acception de personnes, si ce n'est pour les pauvres qu'elle affectionnait d'une façon toute spéciale, à l'exemple de son divin Maître. On ne l'entendit jamais se plaindre de la part qui lui était faite dans le vêtement, la nourriture et le logement. Elle acceptait tout de bonne grâce et saisissait avec allégresse ce qui pouvait lui donner occasion de pratiquer le renoncement, la pauvreté, le sacrifice de toute espèce. Elle montrait ordinairement une grande égalité d'humeur et de caractère, au milieu des fatigues et des douleurs. Sa piété était simple, soutenue, douce, angélique, aimable. Son maintien tout à la fois dégagé et modeste ; son abord facile et attrayant ; son air grave, sans être sombre, épanoui, sans légèreté, composé sans ostentation ni fierté. Elle était active et adroite en besogne, réservée et attachante. Il y avait en elle un tel ensemble de vertus et de bonnes qualités qu'il suffisait de la voir quelques instants pour l'aimer et l'estimer. Grâce à tant de qualités, se présentait-il un poste difficile, et qui exigeât du tact, de la sagacité et de la prudence, elle y était envoyée, et jamais elle ne trom-

pait la confiance que sa Supérieure avait en elle,
jamais non plus elle n'en abusait. Grâce à cet ensemble de qualités, tous les cœurs s'ouvraient à elle;
et, avec son immense et insatiable passion du bien,
que de larmes elle a essuyées, que de douleurs elle
a calmées, que de ténèbres elle a dissipées, que
d'erreurs elle a corrigées, que de préjugés elle a ren-
versés, que de retours à Dieu elle a décidés ou raf-
fermis! Sa bienveillance et son enjouement habi-
tuels ramenaient bientôt la sérénité dans les cœurs
attristés.

Que dire de son amour pour l'angélique pureté?
Un jour un homme voulut, avec un air qui ressem-
blait trop à la familiarité, lui prendre la main. « Monsieur, dit-elle d'un ton sévère, les religieuses ne font
pas poignée de main avec les hommes. »

Que dire aussi de son attachement à son saint état?
Un jour encore, quelqu'un lui dit : « Ma sœur, je
ne comprends pas comment, vous, jeune et belle,
avez pu vous condamner à une vie aussi triste et
aussi pénible, et renoncer aux douceurs de la famille. » — « Pensez-vous, lui répondit-elle, que l'on
ne doive donner à Dieu que le rebut du monde? J'ad-
mire votre générosité! Mais sachez bien que je suis
heureuse dans ma position et que je ne céderais pas
mon titre de religieuse pour toutes vos couronnes et
tous vos plaisirs du monde. »

Ce serait pourtant une grave erreur de prétendre
que ces vertus étaient innées et spontanées dans la
sœur Béatrice. Fille d'Adam avant tout, elle ressen-
tait les luttes acharnées de la nature et de la grâce.
Que de combats elle eut à soutenir! que de violence
elle dut se faire pour en arriver là! Souvent on l'a
vue pleurer, on l'a entendue gémir sur la difficulté
extrême qu'elle avait à éviter le mal et opérer le bien.

Mais elle avait aux mains trois armes contre lesquelles ne peuvent tenir les ennemis conjurés de la sainteté : la vigilance, la prière et la mortification. Elle savait s'en servir; aussi chaque assaut qu'elle avait à repousser était-il presque toujours couronné du triomphe. C'était une héroïne dans toute la force du mot.

Tant de qualités réunies et apparentes, malgré le soin qu'elle eût de les cacher, ou de n'en laisser voir que ce qu'il fallait pour la gloire de Dieu, et l'édification du prochain, inspirèrent plusieurs fois à ses supérieurs la pensée de l'élever en dignité. Ils étaient à bon droit fondés à croire que celle qui exerçait sur elle-même un si puissant empire, était bien propre à commander aux autres. Mais la sœur Béatrice ne se jugeant ni digne, ni capable d'être plus qu'une simple religieuse, avait horreur des dignités. Elle déclina donc de son mieux leur intention, préférant toujours l'obéissance au commandement. Nonobstant ses répugnances, au mois de septembre 1862, ses supérieurs la nommèrent assistante auprès de la jeune supérieure de la maison de Vimoutiers. C'était un poste de confiance qui lui était donné. Mais elle fut si peinée de cette minime portion d'autorité et de responsabilité, elle versa tant de larmes, opposa des représentations si touchantes sur son incapacité à se conduire et à conduire les autres, et des instances si vives, si pressantes, que ses supérieurs lui permirent de revenir à Falaise. Sa courte absence y avait soulevé bien des regrets, et grande fut la joie qu'y causa son retour. Elle y reprit ses fonctions et continua de s'y montrer une véritable épouse de Jésus-Christ, le type et le modèle de la vraie religieuse de la Miséricorde. Mais hélas! elle n'y revenait que pour peu de temps. Il était réglé dans les décrets divins que cette belle fleur répandrait encore trois ans et demi son suave parfum sur la terre, et puis serait cueillie par la main de Dieu. Peut-être que le monde n'était plus digne de la posséder; peut-être aussi que Dieu voulait la soustraire à des dangers contre lesquels n'est pas toujours toute-puissante la vertu, même la plus fortement enracinée. Depuis son retour de Vimoutiers en effet, des tentatives, sous un bon prétexte sans doute, avaient été faites auprès d'elle, pour la dégoûter des privations, des fatigues, des périls de la vie de la Miséricorde, et dérouler à ses regards les douceurs et le calme du cloître. C'était vouloir, contre l'ordre de Dieu, changer un arbre, une fleur, un fruit en un autre. Mais peu importe; il en est qui ne tiennent nul compte des créations ou des dispositions de la divine Providence, et qui prennent sur eux de fabriquer des vocations à leur gré, comme si Dieu devait les ratifier. Ces propositions façonnées avec des couleurs séduisantes, jetèrent quelque temps l'esprit de sœur Béatrice dans la perplexité et l'indécision. Elle eut le bonheur de s'en ouvrir à sa Supérieure : la tentation disparut et le piège fut évité. Elle s'en félicita et en bénit le Seigneur. Dieu assurément ne permit cette manœuvre que pour éprouver la fidélité de la religieuse de la Miséricorde, et ajouter par une nouvelle victoire un nouveau fleuron à sa couronne.

Le temps marche et nous touchons au dénouement de cette carrière trop courte pour l'humanité, mais bien remplie et glorieusement terminée, comme on le sait déjà.

Depuis un an surtout, la main de Dieu promène par l'univers un fléau, ministre de sa colère et de ses vengeances. Il exécute vite les ordres de Celui qui l'envoie. Il frappe sans pitié les méchants et les bons ; les méchants pour les punir, les bons pour les récompenser. Ce fléau, ministre exécuteur des justices et des miséricordes divines, s'appelle le choléra. On ignore comment il vient, comment il s'en va ; mais malheur aux populations qu'il rencontre sur son chemin ; il y exerce d'affreux ravages.

Après avoir sévi cruellement à Caen, à la fin de décembre et au commencement de janvier dernier, le choléra éclata comme une bombe, le 12 février suivant, au village du Beffeux, situé dans le voisinage du bourg de Bretteville-sur-Laize. Dès les premières heures de son apparition, il moissonna plusieurs victimes et répandit une telle panique que, de 120 à 130 habitants qui composaient le hameau, 50 environ prirent la fuite. C'était au point qu'il ne restait presque plus personne pour donner des soins aux malades et aux moribonds. Ceux même qui n'avaient pas fui étaient comme frappés de stupeur et d'engourdissement.

A cette triste nouvelle, M. le Sous-Préfet de l'arrondissement de Falaise, et M. le docteur Bodey, médecin, désigné par le comité médical pour les épidémies, se transportèrent, le 17, sur le théâtre du mal, pour aviser au moyen de sauver ces infortunés habitants et ranimer par leur présence des courages abattus.

Dès le soir même, MM. Gourbine et Bodey vinrent frapper à la porte de la Miséricorde. Ils demandaient trois religieuses pour voler au secours de quelques dévouements généreux, actifs, dignes de tous éloges, mais insuffisants pour le nombre des malades. La Mère Félix, à l'instant, fit appel aux plus robustes de ses filles. Les sœurs Béatrice, Mecthilde et Joséphine acceptèrent avec empressement l'offre qui leur fut adressée, d'aller combattre le fléau, d'en braver les coups et même d'en être les victimes, si Dieu le voulait. Quoique toujours préparées à mourir, suivant l'oracle de l'éternelle sagesse, elles demandèrent néanmoins à se confesser. Elles se confessèrent, dirent-elles au moment, comme pour la dernière fois de leur vie, et se remirent à la sainte garde de Dieu. Une voiture vint les prendre à la Communauté, le 18, dans la matinée. Elles parcoururent en priant le trajet qui sépare Falaise de Bretteville. Trois maisons leur offrirent une genéreuse hospitalité : M. le curé de Bretteville, M. Dégrieux, adjoint, et M. Gaugain, conseiller municipal. C'est de là qu'elles devaient porter leurs soins aux malades. Voulant, pour tout, se remettre entre les mains de la divine Providence, les trois religieuses avaient, avant de partir de Falaise, tiré au sort leur logement. Le presbytère était échu à la sœur Béatrice.

Aussitôt arrivées, aussitôt à l'œuvre. Voler de maisons en maisons, prodiguer des soins de tous genres aux malades, aux mourants et aux morts, telle fut leur mise en besogne dans ce pauvre hameau. Il n'y avait presque pas de trève, ni de moment pour le repos.

Elles fonctionnaient toutes trois admirablement sans ressentir autre chose qu'un peu de fatigue, lorsque dès le mardi 20, la sœur Béatrice se trouva très-souffrante. Elle resta quand même au travail. Rentrée le soir au presbytère, elle ne put manger. Elle se mit au lit, pensant que son indisposition n'était que le résultat de la lassitude. Mais, après quelques instants, elle ressentit d'atroces coliques, des crampes, et fut prise de vomissements. Tous les symptômes du choléra étaient là. Longtemps elle demeura seule à lutter contre le mal, froide comme glace. Elle n'osait appeler du secours, dans la crainte de jeter l'épouvante dans la maison au milieu de la nuit. Force pourtant lui fut de frapper au mur ; la violence du mal était telle qu'elle ne pouvait plus y tenir. M. le vicaire entendit, il arriva. « Veuillez, je vous prie, M. l'abbé, envoyer chercher nos sœurs. Je suis très-malade. » Celles-ci et le médecin de la localité, M. le docteur Fouques, furent bientôt auprès d'elle. Il était une heure du matin. « Je vais mourir, leur dit-elle, mais je fais à Dieu le sacrifice de ma vie. Puissent mes grandes souffrances effacer mes trop nombreux péchés ! » Elle ne cessait de se recommander à Dieu, à la sainte Vierge, à saint Joseph et à son ange gardien.

Elle manifesta le désir de voir son confesseur et sa Supérieure. Immédiatement, une voiture fut envoyée à Falaise. (C'était celle de M. le notaire de Bretteville). Mais les douleurs étaient si vives que quelques heures lui parurent bien longues. « Je veux me confesser et recevoir l Extrême-Onction, s'écria-t-elle, à plusieurs reprises. »

Pendant ce temps, les symptômes alarmants, énergiquement combattus, avaient tendance à diminuer ; on ne voyait pas le danger aussi imminent qu'elle se le figurait ; on la décida à attendre.

Vers dix heures arrivèrent le confesseur et la Supérieure. « Oh ! si vous saviez que j'ai souffert, que je souffre, dit-elle, en les voyant. Je veux me confesser. » Elle se confessa. Peu après arriva pareillement M. le docteur Bodey. Lorsqu'il l'eut vue, quelqu'un lui demanda ce qu'il pensait de sa position. « Elle est très-mal ; elle est perdue. » Cependant les coliques étaient moins cruelles et les vomissements avaient cessé. Néanmoins, sur sa demande et sur l'avis du médecin, la pauvre malade reçut les suprêmes consolations de la religion, et ce fut avec un profond esprit de foi et une résignation pleine et entière à la sainte volonté de Dieu. Elle désirait ardemment recevoir la sainte communion. Il fut impossible de lui procurer ce bonheur : pas même une goutte d'eau ne pouvait passer. Elle y suppléa par de ferventes communions spirituelles. Le jeudi, les souffrances s'étaient ralenties. M. le docteur Bodey qui était retourné la voir, conçut un peu d'espoir. Cet espoir, hélas ! s'évanouit promptement. Dès le vendredi, elle fut plus abattue. Dans cet état de prostration, cette bonne religieuse, bien que continuellement occupée de Dieu, se faisait un reproche de son indifférence pour lui et de son impuissance à le prier. Sur les neuf heures du soir, elle se trouva plus mal. A la vue du danger, on revint de la décision qui avait été prise de ne la faire communier que le samedi, jour de la fête St-Mathias, et on lui proposa de recevoir le Saint-Viatique. La pensée qu'elle s'unirait à son divin époux, pour la dernière fois en ce monde, la fit tressaillir de joie. Mais M. le curé de Bretteville la voyant trop agitée, s'en tint à la première décision. La malade se soumit au jugement du vénérable pasteur, le remercia de son attention et lui dit avec un sourire de satisfaction : « Hé bien ! A demain, Monsieur le curé ! » A partir de cette entrevue, elle ne cessa de demander à Dieu pardon de ses péchés. Elle produisait des actes de foi, d'espérance et d'amour de Dieu, remettant son âme entre ses mains. Puis elle donnait cours à ses sentiments intimes : « Mon Dieu, vous savez que j'ai toujours craint de vous offenser, pardon de ne pas vous avoir assez aimé ; je m'abandonne à votre miséricordieuse bonté ; je ne veux que votre volonté sainte ; recevez le sacrifice de ma vie, et que je sois la dernière victime du fléau ? » Sa prière devait être exaucée. On remarqua en effet qu'à dater de ce moment aucun cas nouveau de choléra ne se montra au Beffeux et que le mal perdit de son intensité. — C'était une effusion continuelle de prières et de brûlantes affections. Après quelques instants de silence, comme si une goutte de l'ineffable félicité des élus était tombée dans cette âme d'élite, « Ah ! ma mère, dit-elle à sa Supérieure, qui se tenait à son chevet, je n'aurais jamais cru qu'il fût si doux de mourir ; quel bonheur j'éprouve ! » — Pour perfectionner de si beaux sentiments, sa Supérieure lui répondit : « Quoi, ma chère sœur, vous nous assuriez toujours que vous auriez tant de regret de nous quitter, et maintenant, vous voulez partir ? Ah ! ma mère, pour aller au ciel ! Quel bonheur d'être avec le bon Dieu ! Que les anges et les saints sont heureux ! — Ma chère sœur Béatrice, reprenait la Supérieure, vous prierez bien pour nous, pour toutes nos sœurs, pour moi en particulier qui en ait tant besoin ? Oui, ma mère. » — Une religieuse qui était là ajouta : « Vous demanderez bien au bon Dieu qu'il nous conserve notre mère ! — Oh ! croyez bien que ce ne sera pas la dernière de mes pensées au Ciel ! » Comme on lui recommandait les Supérieurs généraux, la congrégation de la Miséricorde, son confesseur et les habitants de Falaise, si bons pour les religieuses, elle répondit : « Je demanderai pour notre Révérend Père et notre Révérende Mère, les grâces dont ils ont besoin, la paix en ce monde et le paradis en l'autre. Je n'oublierai personne. Si Dieu exauce mes prières, que de grâces il accordera ! « On lui demanda encore ce qu'elle voulait faire dire à ses parents : « Que je prierai bien pour eux et que je les attendrai au Ciel ! » Entrant alors comme dans un saint ravissement elle s'écria : « Mon Dieu, je vous remercie des bons sentiments que vous m'inspirez et de vos douces consolations. Oh ! ma mère, que je suis heureuse ! Quelle paix j'éprouve ! Vous ne sauriez le comprendre ! »

Ceux qui l'entendaient fondaient en larmes. Ils recueillaient avec avidité toutes ses paroles prononcées d'un ton de voix qui semblait être quelque chose du ciel. Comme elle continuait à réciter de pieuses prières, sa supérieure lui dit: « Ma chère sœur Béatrice, vous êtes fatiguée, reposez-vous un peu. — Oui, ma mère. » Elle ne dit plus rien à ceux qui l'entouraient. Sa supérieure lui ayant présenté à boire, elle fit le signe de la croix, puis elle récita des spaumes de l'office et des oraisons qu'elle terminait par ces paroles : *Per Christum Dominum nostrum.* Intimement unie à Dieu, elle se contentait de répondre aux paroles qu'on lui adressait « Oui ma mère, non ma mère. » Elle perdit entièrement connaissance le samedi 24 février à une heure du matin. Son agonie fut un doux sommeil ; à onze heures un quart elle rendait sa belle âme à Dieu. Elle n'avait que 36 ans, 3 mois et 17 jours. Elle était donc bien jeune encore, mais en peu d'années elle avait fourni une longue carrière. C'était un lys d'une éclatante blancheur que Dieu cueillait au milieu des épines de la terre. Elle sortait de l'exil pour aller dans la patrie.

La nouvelle de sa maladie tout à coup suivie de celle de sa mort, répandit la consternation et le deuil à

Bretteville et à Falaise. Ce ne fut que sanglots et lamentations déchirantes quand on apprit qu'elle avait cessé de vivre, et, quand le dimanche 25, on la recommanda aux prières des fidèles dans les églises de Falaise. (Juste tribut de sympathie, de reconnaissance et d'amour payé à la mémoire de cette bonne religieuse, qui avait éclairé, échauffé toutes les classes de la société, par les rayons lumineux et ardents de son héroïque charité). Ces touchantes expressions de regret étaient bien légitimes : on perdait un rare trésor. Mais nous le dirons encore aujourd'hui comme au 3 mars : — Consolez-vous, vous tous qui la pleurez ; consolez-vous, riches, auprès desquels elle plaidait si efficacement la cause de l'indigent ; consolez-vous, pauvres, pour qui elle ouvrait le cœur et la main du riche ; consolez-vous, malades, auxquels elle prodiguait de jour et de nuit, des soins si affectueux, si aimables, si dévoués ; consolez-vous, saintes filles de la Miséricorde, au milieu desquelles sa mort laisse un vide difficile à combler ; consolez-vous, pieuse et honorable famille, qui avez eu la douleur de voir périr ce rejeton béni. Comme son divin époux, elle a passé en faisant le bien. Son trépas est plus digne de votre envie que de vos larmes. Elle est tombée avec gloire au champ des combats du Seigneur ; et, s'il ne lui a pas été accordé de verser son sang, selon qu'elle en avait marqué le désir à quelqu'un peu de temps avant, la palme du martyre ne lui a pas été refusée. Sa vie a été la vie d'une sainte, et sa fin, la fin d'une prédestinée. Comme celle du juste, sa mémoire sera éternelle.

Les habitants de Bretteville saintement jaloux de conserver sa dépouille mortelle, lui firent de splendides funérailles. Ils lui donnèrent une place d'honneur parmi leurs morts, et proclamèrent au moment même l'intention de recouvrir sa tombe vénérable d'un monument qui serait tout à la fois le symbole de leur pieuse gratitude et le souvenir du sublime dévouement d'une vierge chrétienne. En effet, le 20 juin, leur conseil municipal, présidé par le digne M. Paulmier, député au Corps législatif, exprima d'abord *sa reconnaissance profonde pour cette noble victime de la charité, et pour ses compagnes qui, avec non moins d'abnégation, avaient prodigué leurs soins aux malades pendant tout le temps de l'épidémie, et partagé avec elle cette périlleuse et chrétienne mission* (1). Il **décida** ensuite *qu'une concession perpétuelle serait faite gratuitement par la commune du terrain où est inhumée la sœur de la Miséricorde, qui a si généreusement payé de sa vie son dévouement, et qu'un monument serait élevé aux frais de ladite commune sur la tombe et à la mémoire de la sœur décédée.*

Ce monument est élevé et porte l'inscription :

A LA SOEUR BÉATRICE,

RELIGIEUSE DE LA MISÉRICORDE DE FALAISE,

MORTE VICTIME DE SON DÉVOUEMENT

EN SOIGNANT LES CHOLÉRIQUES DU BEFFEUX

AU MOIS DE FÉVRIER 1866.

—

LA COMMUNE DE BRETTEVILLE-SUR-LAIZE RECONNAISSANTE.

P. L.

(1) Les sœurs Véronique, Auxence et Mélanie étaient allées, le 23 février seconder les efforts héroïques de leurs compagnes.

Falaise, imp. Trolonge

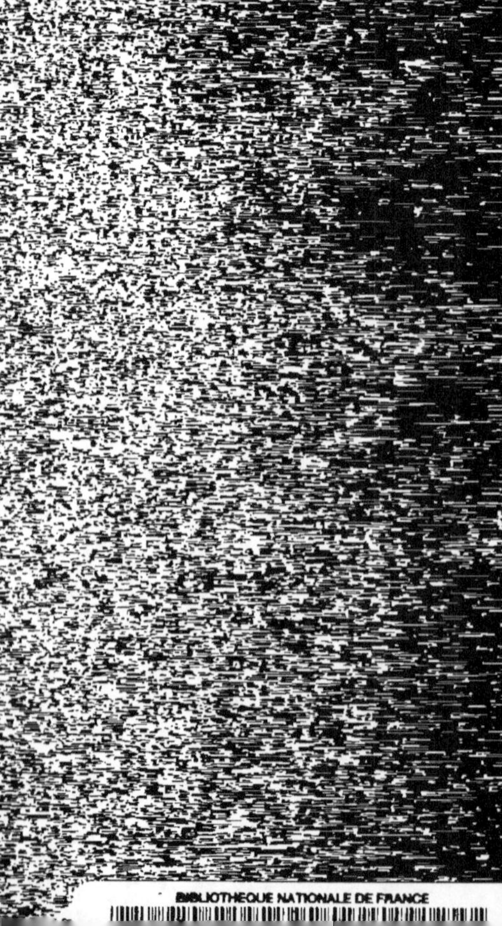